365 Meditationen
und Gedanken
zur Güte Gottes
von
William Paul Young

Einladung

Dieser kleine Aufsteller ist gefüllt mit Worten und Reflexionen zu meinem Buch Die Hütte. Welchen Wert diese Gedanken haben, liegt ganz bei Ihnen.

Ich kenne Sie nicht. Ich weiß nicht, was sich gerade in Ihrem Leben abspielt – welche Freuden und welche Herausforderungen. Vielleicht befinden Sie sich zur Zeit im Zentrum einer Verwüstung oder im Auge eines Hurrikans. Vielleicht genießen Sie gerade das ruhige Wasser hinter einem Strudel, ehe Sie sich wieder in die Stromschnellen stürzen. Sie könnten in diesem Moment einsam sein oder verzweifeln, oder aber von einer freudigen Welle des Erfolgs getragen werden.

Ich weiß es einfach nicht. Aber was ich weiß, ist, dass diese Gedanken einer Geschichte von authentischer Menschlichkeit entnommen wurden, und dass es vieles gibt, was wir gemeinsam haben, sowohl in unseren Fragen wie auch in unserem Lebensprozess.

Dieser Aufsteller lädt Sie ein, jeden Tag des Jahres für einen Moment innezuhalten, zu reflektieren, zu antworten, zu beten, zu schweigen, zu weinen, zu lachen und Leben miteinander zu teilen.

Ich danke Ihnen dafür, dass Sie es mir gestatten, in Ihre Welt einzudringen, und dass Sie an einer Gemeinschaft teilhaben, die mehr ersehnt ... mehr Licht, Liebe, Wahrheit, Gnade, Güte und Freiheit. Gemeinsam sind wir immer mehr als die Summe unserer Teile.

William Paul Young, Autor von *Die Hütte*

Bitte gib mir Ohren,
die deine Einladung hören,
und Mut, mit dir an Orte
zu gehen, die ich lieber
meide.

Ich öffne mich
für das, was du
von mir erwartest,
selbst wenn ich
es nicht verstehe.
Ich glaube,
aber bitte hilf
mir in meinem
Unglauben.

Ihr redet ständig von Liebe und Vertrauen, aber ich will Beweise. Ich will die Kontrolle, die der Beweis scheinbar bietet. Hilfe!

Bitte, hältst du mich sanft,
selbst wenn ich zweifle und
einen Mangel an Vertrauen
zum Ausdruck bringe?

4

Ich habe Angst davor, dich zu bitten, Authentizität in mir aufzubauen. Gib mir, was gut für mich ist.

Wenn du in meiner »inneren Welt« bist, meinem geheimen Ort … Bitte lass mich wissen, dass es dir dort gefällt, sogar mehr als mir selbst.

Bitte hilf mir,
an meinem Glauben
zu wachsen,
dass du gut bist,
immer, und immer
das Beste tun wirst.

Wer möchte sich schon unbehaglich fühlen,
wenn alle sagen, dass man verrückt ist,
wenn man Fragen stellt. Bitte sei mutig in mir!

Ich möchte lernen, mich mit deiner Zuneigung wohlzufühlen. Flüstere also bitte meiner Seele deinen Namen zu, der nur für dich und mich ist.

Danke für jene Augenblicke,
die zu jenem Ort in uns sprechen,
wo wir fühlen, dass das Leben gut ist.

Du meinst »Hier draußen«,
wo ich weinen, echt und
peinlich berührt sein kann,
und wo ich frei bin,
erkannt zu werden, und
sogar klein sein darf.

12

Ich brauche
eine Person,
die mich kennt
und liebt, die
mir zuflüstert,
dass alles gut
werden wird.
Ich brauche das
Gefühl, dass
du bei mir bist.

Ich weiß, dass Wachstum ohne Risiko unmöglich ist. Daher bin ich bereit, zu springen und darauf zu vertrauen, dass deine Arme mich auffangen.

14

Ich bin dankbar, dass du mich nicht in die Zukunft schauen lässt. Ich könnte mich nicht am »Jetzt« erfreuen. Danke für das Gute, das du mir jetzt schenkst.

Danke für die schönen
Momente, die wir im
Vorübergehen erhaschen.
Danke, dass du alles für uns
so wunderbar orchestrierst
und wir wichtig sind.

Manchmal bin
ich wütend über
meine Unfähigkeit,
die, die ich liebe, vor
Unheil zu bewahren.
Bitte finde mich in
meinem Versagen und
schaue in mein Herz.

16

Ich habe zwar »das finstere Tal« durchwandert, aber ich hatte nicht vor, dort mein Lager aufzuschlagen.
Bitte finde mich in meiner Einsamkeit und Verzweiflung.

Ich brauche deine Kraft, Zuversicht
und Entschlossenheit. Allein kann
ich das alles nicht aufbringen.
Hilf mir, die richtigen
Schritte zu tun.

18

Es sind nicht meine Fehlentscheidungen, die auf meiner Seele lasten, sondern die Reue, es anders hätte machen zu können. Hilf mir, meine Sorgen anzunehmen.

Schenke mir den Mut, nicht aus
Selbstschutz unaufrichtig zu sein.
Lass mein Ja ein ehrliches Ja und
mein Nein ein ehrliches Nein sein.

20

Ich vertraue lieber auf
die Sicherheit dessen,
was ich zu wissen glaube.
Doch spüre ich deine
Einladung, mich in das
Mysterium hinauszuwagen ...

Danke, dass du
mich mit einer
Hartnäckigkeit
liebst, die es
mir ermöglicht,
mich meinem
tiefsten Schmerz
zu stellen.

Ich finde es wunderbar, dass kein Ort, kein Lied, keine Idee, kein Bild dir gerecht wird. Ich will dich überall und jederzeit hören. Heile mich, damit ich das kann.

In mir finde ich dich
im Schlagen meines Herzens,
in der Freude meiner Schritte und
in der Berührung eines Menschen.
Am klarsten finde ich dich in Jesus.

Mir wird klar, dass ich auf den falschen Gott gewartet habe. Lass mich mit Jesus an meiner Seite diese Trugbilder überwinden.

Wie oft denke ich, dass du mich nicht kennst.
Also gehe ich ordentlich angezogen in dein Haus.
Doch alles, was du von mir wolltest, ist mein Herz.

Danke, dass du die Liebe bist, die mit ihrem Gesang das Universum ins Dasein rief und keine andere Art zu sein kennt.

Unbeholfen irre ich
umher, aber ich
sehne mich danach,
von jemandem
umarmt zu werden,
der mich liebt!
Könnte es wahr sein,
dass du so bist?

Bitte, sag mir immer wieder,
dass du mich kennst und
dass ich dich auf eine Weise
kennen kann, die alle meine
Ängste transzendiert.

Danke für das Geschenk der Tränen,
besonders für jene Augenblicke,
wenn sie mehr sind als
bloße Erschöpfung und Sehnsucht.

Manchmal erhasche ich
einen Blick auf deine
Güte und Fürsorge und
bin überrascht, wie ernst
du mich nimmst und wie
liebevoll du mich betrachtest.

Bitte lehre mich, meine Verkopftheit zu überwinden
und mich wirklich auf das Leben einzulassen.

Oft verstricke ich mich zu sehr in Details und verliere das große Ganze aus dem Blick. Ich muss neu sehen lernen und mich erinnern.

Danke, dass ich
in dir alles finde,
was ich brauche.
Ich fühle mich
so einsam,
wenn ich denke,
ich müsste mir
selbst genügen.

Ich möchte mich
ganz und gar
dafür öffnen,
dich ganz und gar
kennenzulernen.

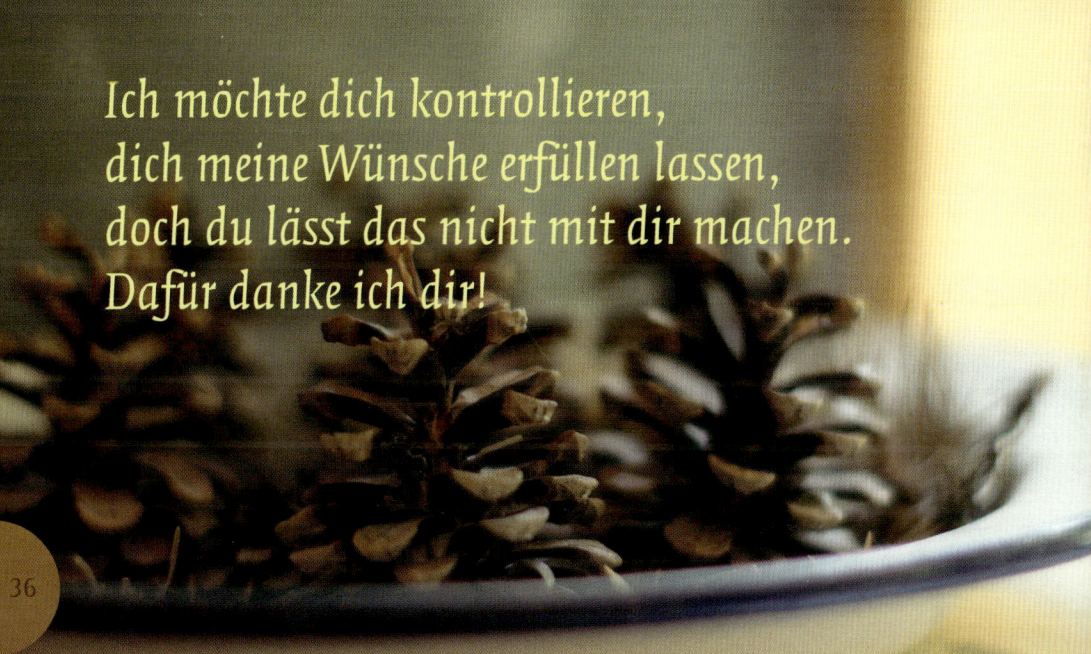

Ich möchte dich kontrollieren,
dich meine Wünsche erfüllen lassen,
doch du lässt das nicht mit dir machen.
Dafür danke ich dir!

Schnellstmöglich möchte
ich dich von Angesicht
zu Angesicht erkennen.
O Atem Gottes,
befreie mich von allem,
was mich bindet.

Heiliger Geist,
du bist das Leben
von allem, was gut
ist in meiner Welt.
Danke für die
Hoffnungsschimmer,
die Küsse der Gnade.

Manchmal habe ich
das Gefühl, dass niemand
mein Weinen bemerkt.
Zu wissen, dass du
meine Tränen sammelst,
bedeutet mir viel.

Psalm 56,9

Wenn du die Distanz
nicht überbrücken
kannst, die ich
zwischen uns
geschaffen habe,
dann bin ich verloren.
Hilf mir,
daran zu glauben,
dass du es kannst.

40

Immer kannte ich nur
die Pflicht, und nun
flüsterst du mir zu,
dass du mich liebst,
und nicht das,
was ich leiste.

Hörst du das Wehklagen meiner Seele, die durch Schuldgefühle und Scham niedergedrückt wird? Bitte finde mich und befreie mich.

Es gibt so viel herzzerreißenden Lärm. Ich kann nur ab 10 Dezibel etwas hören. Wenn du nur mit 9,9 Dezibel zu mir sprichst, nützt das gar nichts!

44

Versfecken?
Das ist ein Spiel,
das ich spiele,
weil ich nicht weiß,
ob ich dir wirklich
vertrauen kann.
Vergib mir,
denn ich lerne erst,
nicht so zu denken.

Ich bin dankbar,
dass es im Kosmos
jemanden gibt, der mich
jenseits aller Worte kennt.
Danke, dass du mich in
meinem Schweigen annimmst.

Ich lerne jetzt,
dass du dich nur
in Schubladen
stecken lässt,
weil du da
sein möchtest,
wo ich bin.
Danke!

Wie kannst du etwas
so Unvollkommenes
wie mich gern haben?
Eine Seele, die noch
nicht zu deiner
unerschöpflichen Liebe
erwacht ist?

47

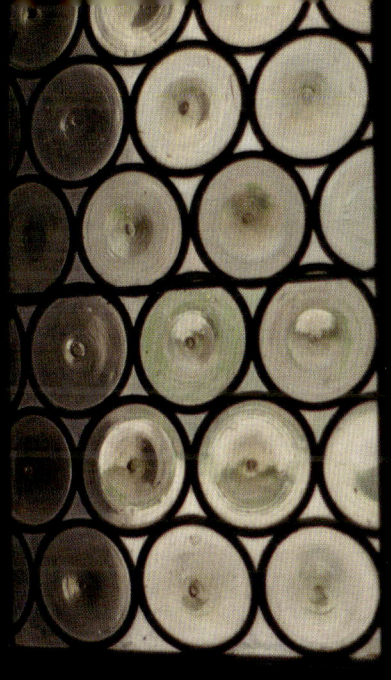

Man lehrte mich
Namen, die dich
auf Distanz halten –
»Gottvater«,
»Allmächtiger«,
und dann höre ich,
wie Jesus dich
»Daddy« oder »Papa«
nennt.

In einer Welt, in der ich
Feind oder ein Nichts war,
kommst du mit deiner Güte,
Gnade und Zuneigung und
schleichst dich an meinen
Schutzwällen vorbei.

Was, wenn ich
das Wagnis eingehe,
dir zu vertrauen,
und du bist nicht so,
wie ich erhoffte?
Aber wenn ich kein
Vertrauen wage, kann
sich nichts verändern.

Ich möchte gern glauben,
dass du weißt, wie blind,
verloren und taub ich bin.
Ich kann dich nicht finden.
Bitte komm und finde mich.

Ich will keine Religion mehr. Ich will dich!
Du hast meine Erlaubnis, alles in mir zu zerstören,
das mich hindert, frei zu sein.

Die falschen Bilder von dir
sind Projektionen des
Schadens, den Männer in
meinem Leben anrichteten.
Lehre mich, mir Jesus'
Beziehung zu seinem Papa
zum Vorbild zu nehmen.

Heiliger Geist,
bitte bringe uns
immer wieder dazu,
dass wir uns unsere
Irrtümer eingestehen
und uns für die
Wahrheit öffnen.

Ich mag Magie ... sofortige
Transformation, schmerzfrei.
Doch flüsterst du mir zu,
dass ich ein wunderbares
Wesen bin, das keine
Abkürzungen nötig hat.

Ich habe so lange als Kopfmensch gelebt.
Anders habe ich es nicht gelernt,
doch jetzt ist mein Kopf
genauso gebrochen wie mein Herz.

In meiner Dunkelheit
offenbare mir deine Liebe,
auf dass ich mich für
Freude, Ruhe und Liebe
entscheide und aus dem
Herzen heraus lebe.

Bitte befreie mich dazu, geliebt zu leben, frei von Hintergedanken und heimlichen Motiven. Befreie mich!

58

Was im Leben wäre nicht die Frucht eines »stufenweise verlaufenden Prozesses«? Ich vergesse, dass wahre Beziehung niemals auf ein Ziel ausgerichtet ist.

Ich tue so, als wüsste ich
etwas über das Leben.
Langsam, schmerzhaft
lerne ich,
dass du es bist,
der weiß und
für mich sorgt.

Heute feiere ich,
dass du Gemeinschaft bist.
Ich feiere die fürsorgliche,
hingebungsvolle
Kameradschaft und Liebe,
die deine wahre Natur ist.

Danke, Jesus, dass du die Wahrheit bist,
nicht eine Sammlung von Fakten,
kein Traum oder Ort, den man besucht,
sondern eine Person, die uns liebt.

Einst glaubte ich,
dein Vater sei wie viele Väter,
die ihre Kinder prügeln und
sie dann im Stich lassen.
Ich lerne jetzt,
dass es eine Lüge war.

Mein Schmerz
macht mich blind,
sodass ich dich
nicht sehen kann.
Ich will nicht,
dass dies wahr ist,
doch manchmal
ist es so.

Jesus, deine Fähigkeit,
vollkommen zu vertrauen,
fehlt mir. Ich kenne deinen
Papa nicht so gut wie du.
Ich möchte mit deinem
Gottvertrauen leben.

Der Feind unserer
Herzen sagte,
man könne dir
nicht vertrauen,
du würdest
uns belügen.
Ich glaubte ihm.
Bitte vergib mir.

Irgendwo in meinem inneren Durcheinander wohnt mein wahres Ich. Bitte, tue alles, damit ich als authentischer Mensch leben kann.

Ich vergesse,
dass ich noch immer Kind bin.
Bitte erinnere mich daran.

Allzu leicht lasse ich
meine Realität von meinen
Gefühlen definieren.
Nun entdecke ich, dass
meine Empfindungen mir
selbst gegenüber der Wahrheit
deiner Liebe im Weg stehen.

Ich kann kaum glauben,
dass ich erschaffen wurde,
um zu fliegen, um geliebt und
wahrgenommen zu werden.
Sag mir das immer wieder!

Und doch bist du willens,
das Fliegen aufzugeben,
um mir dort zu begegnen,
wo ich bin. Danke!

Danke, dass du mir
meine Unwissenheit
nicht übelnimmst.

Ah! Jetzt verstehe ich!
Jesus bist du,
der erkannt sein möchte.
Danke, danke!

74

Ich finde es aufregend,
dass ich nicht
stark genug bin,
dein Verhalten mir
gegenüber zu
verändern.
Du inspirierst mich.

Ich vergesse,
dass alles,
was mein Leben
so unglaublich,
so wunderbar und
freudvoll macht,
von dir kommt.

Ich laufe am liebsten
davon, wenn es
schwierig wird.
Würdest du dies
bitte ändern?
Ich wünsche mir
die Bereitschaft,
mich auf die
Probleme des Lebens
einzulassen.

76

Ich bin erstaunt, schockiert über deine tiefe Demut, darüber, dass du wirklich einer von uns geworden bist.

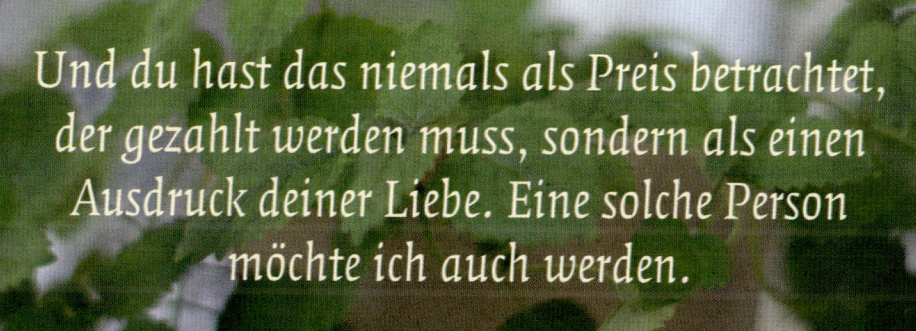

Und du hast das niemals als Preis betrachtet, der gezahlt werden muss, sondern als einen Ausdruck deiner Liebe. Eine solche Person möchte ich auch werden.

Ich richte mit meinen
Worten, Erwartungen und
Urteilen Schaden an.
Bitte heile mich, damit
ich wirklich Mensch und
lebendig sein kann!

Jesus, ich habe dich für einen Superhelden gehalten.
Ich bin so erleichtert, dass du ein echter Mensch bist.
Du bist meine Hoffnung.

Gott, hilf mir,
völlig auf dein Leben
in mir zu vertrauen,
und an deine Liebe
und Güte zu glauben,
ohne Rücksicht auf
den äußeren Anschein.

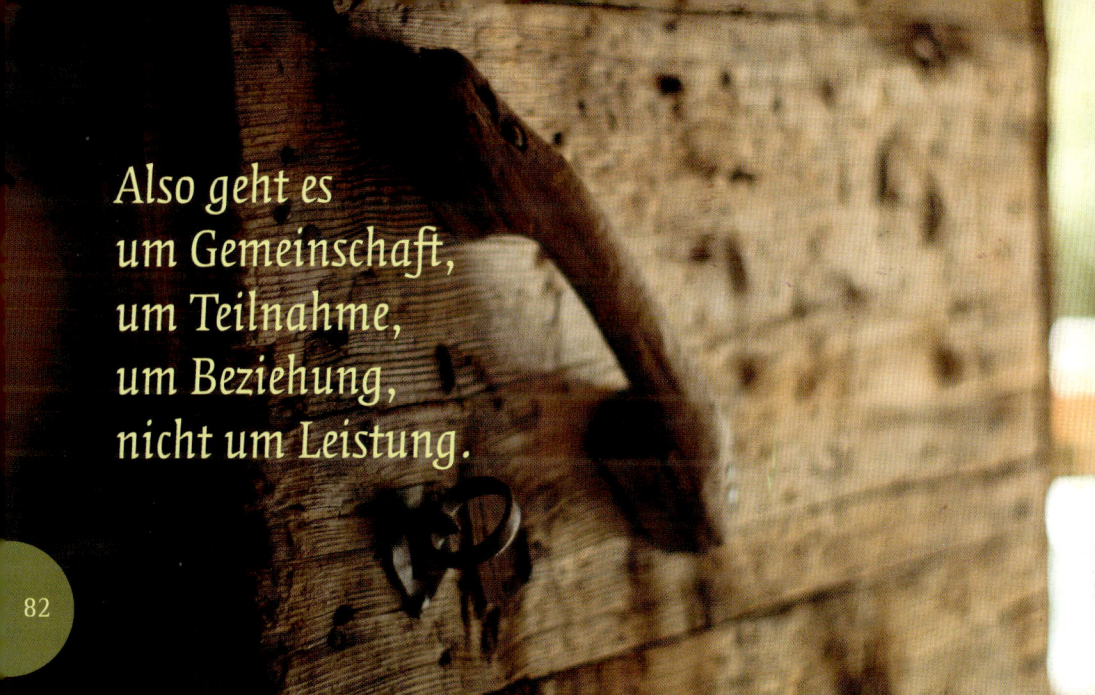

Also geht es
um Gemeinschaft,
um Teilnahme,
um Beziehung,
nicht um Leistung.

Das kann ich sein:
ein hilfloser, abhängiger
Teil deiner Gemeinschaft.
Sei du mein Leben,
mein Licht, meine Liebe.

84

Ich habe mich
in meinem
Selbstwertgefühl von
anderen Menschen
abhängig gemacht.
Schenke mir
deine Ohren, Jesus,
damit ich Gott hören
kann, der mir sagt,
wer ich bin.

Ich will offen sein
für Freundschaft und Nähe.
Ich will teilnehmen
an deinem Leben,
fühlen, was dein Herz fühlt,
deine Hand in meiner spüren.

Ich bejahe und bekräftige,
dass es nur einen Gott gibt!
Bitte offenbare mir,
wer du für mich bist.

86

Danke, dass du mich trotz meines Egoismus' nicht aufgibst, denn wie du bin ich eigentlich ein soziales Wesen.

Wir kennen Liebe
und Beziehung,
weil beide
bereits in dir
lebendig sind:
ein Gott, der uns
liebt, wie er sein
eigenes dreifaltiges
Wesen liebt.

Ich wünsche mir,
dass diese Momente,
in denen ich erleichtert
aufatme und deine
sanfte Umarmung spüre,
zu meinem ständigen
Lebensgefühl werden.

Ich lerne,
daran zu glauben,
dass es dein
ständiger
Seinszustand
ist zu lieben.
Ich fange an,
dir zu vertrauen.

90

Wenn es stimmt, dass alles, was du tust, ein Ausdruck deiner liebenden Natur ist, dann muss ich Zorn, Verurteilung, Disziplin und dergleichen überdenken.

Danke, dass du
so viele Wege findest,
dir bei mir Gehör
zu verschaffen –
durch Musik,
fröhliches Lachen,
Kinder,
Meeresbrandung und
das Rauschen des Regens.

Ich möchte, dass das,
was ich nicht weiß,
mich veranlasst,
noch mehr auf deinen
Charakter zu vertrauen.

Ich wünsche mir,
dass die winzige
Flamme des Vertrauens,
die in mir wächst,
zu einem Feuer wird,
das mein ganzes Leben
erwärmt und energetisiert.

Könnte es sein,
dass du mir schon
immer Zuneigung
und Aufmerksamkeit
gewidmet hast ...
dass ich dir wirklich
etwas bedeute?

Hilf mir, in meinen
Beziehungen zu
anderen Menschen
das Potenzial zu
erkennen, andere
Entscheidungen
zu treffen und neue
tiefere Erfahrungen
zu machen.

Oft dachte ich,
du wärst egozentrisch
und stolz auf deine Macht.
Aber wie kann dann Jesus
so demütig und gütig sein?
Mein Universum steht Kopf!

Hilf mir, mich in andere Menschen
hineinzuversetzen, damit ich verstehe,
dass Opfer und Wiederauferstehung eins sind.

Jesus küsste die
Hände seines Vaters.
Mein Herz hüpft vor Freude
angesichts solcher Intimität.
Das möchte ich auch erleben!

Die Heiligkeit
feiert deine
einzigartige,
unvergleichliche
Liebe, die in dir
und überall in
deiner Schöpfung
tanzt ...
also auch in mir.

Im Dämmerlicht meines
Verstandes wohnt ein
Geheimnis: dass ihr,
Vater, Sohn und Geist,
für mich da seid
auf eine Weise, die ich
noch nicht begreifen kann.

Dir bereitet es solche Freude,
mit mir zu teilen, was du bereits kennst,
und mit mir gemeinsam zu staunen.

Jesus, du hast deine
heiligen Geschenke
überall versteckt,
um mich zu überraschen.

Danke für
die unerwarteten
kleinen Freuden,
die mich mit
einem Gefühl der
Hoffnung erfüllen.

Es ist eine große Ermutigung,
zu wissen, dass Freude an
der Kreativität meines
Geistes, Körpers und
meiner Seele zugleich
menschlich und göttlich ist.

Du hast einen Abgrund in meiner Weltsicht entdeckt, und ohne mich zu verdammen, entscheidest du dich dafür, eine Brücke über diesen Abgrund zu sein.

Vergib mir,
dass ich glaubte,
du wärst gekommen,
um mich vor
Papa Gott zu retten.

Du bist der Wind,
der mich überrascht,
das Wasser,
das meinen ewigen
Durst stillt,
die verborgene Quelle,
aus der Denken,
Kreativität und
Freiheit fließen.

Was, wenn dein Sein
das Gewebe des Universums
ausmacht, wenn es der
Grund unserer Existenz ist,
und wenn dieses Sein
die Liebe ist?

Es fällt mir leichter,
eine gedankliche
Vorstellung
zu haben, als
dich tatsächlich
zu erkennen und
zu erfahren.
Beziehung ist
Einmischung
und Mysterium.

Lehre mich zu sehen,
wie du siehst – das Wahre,
Tiefe, Transzendente,
das durch das Gewöhnliche
hindurchscheint.

Der Tag wird kommen,
an dem alle Masken
fallen und ich
endlich erkennen
werde, dass du
mich immer schon
geliebt hast und
immer lieben wirst.

112

Jesus, du bist so sehr
eingebettet in mein Leben,
du bist mir so nah –
in meinen Lasten, Einsichten,
Freuden und Schmerzen.

114

Du bist ein
Geheimnis.
Von Zeit zu Zeit
erhasche ich
einen Blick
auf deine Natur
und bin zutiefst
erstaunt und
verwundert.

Wieder einmal bekenne ich,
dass mir manchmal
lieber ist, du wärst eine
Ideologie, eine Doktrin,
als eine Person, zu der ich
eine enge Beziehung habe.

Ich möchte still sein,
mich ganz dem Staunen
über deine Wunder hingeben
und wirklich glauben,
dass du jetzt und immerdar
für uns da bist.

Wir leben auf diesem winzigen Planeten, doch du nimmst uns nicht nur wahr, sondern wir stehen sogar im Mittelpunkt deiner Zuneigung.

Wie wunderbar, dass du dich
entschieden hast, für immer eins
mit uns in unserer Menschlichkeit zu sein.

Was ist das Lachen
doch für ein Geschenk!
Es gibt nichts anderes,
was für mich so sehr
das Lied von Beziehung
und Verbundenheit singt.

Danke, dass du mich nicht loslässt,
auch wenn ich nicht weiß,
woran ich mich festhalten soll.
Danke, dass du einfach bei mir bist.

Erhebe meinen Geist,
halte meine Hand
und lehre mich zu fliegen,
sogar in der
Dunkelheit meiner Welt.
Heute vertraue ich all
meinen Kummer dir an.

Oft weiß ich gar nicht, wie ich meine Verwirrung
dir übergeben soll. Ich vertraue darauf,
dass du einen Weg zu mir findest.

Bitte schenke mir
Augen, um zu sehen,
und ein Herz,
das offen ist für das,
was du mir an den
verletzlichsten Stellen
meiner Seele enthüllst.

Dass du mich
besonders gern hast,
ist eine Aussage
über mich.
Kann ich das
wirklich glauben?
Dass du, der mich
kennt, mich trotz
allem gern hat?

124

Allmählich
glaube ich wirklich,
dass deine Zuneigung
zu mir wie ein Fels in der
Brandung ist und ich sie
niemals verliere, egal,
welche Fehler ich mache.

126

Hilf mir, auf gesunde Art wütend zu sein –
Wut, die ein Ausdruck von Liebe ist.

Ich weiß nicht, wie ein so zerrissener Mensch wie ich es schaffen soll, der zu werden, der ich wirklich bin. Bitte höre mein Rufen und antworte.

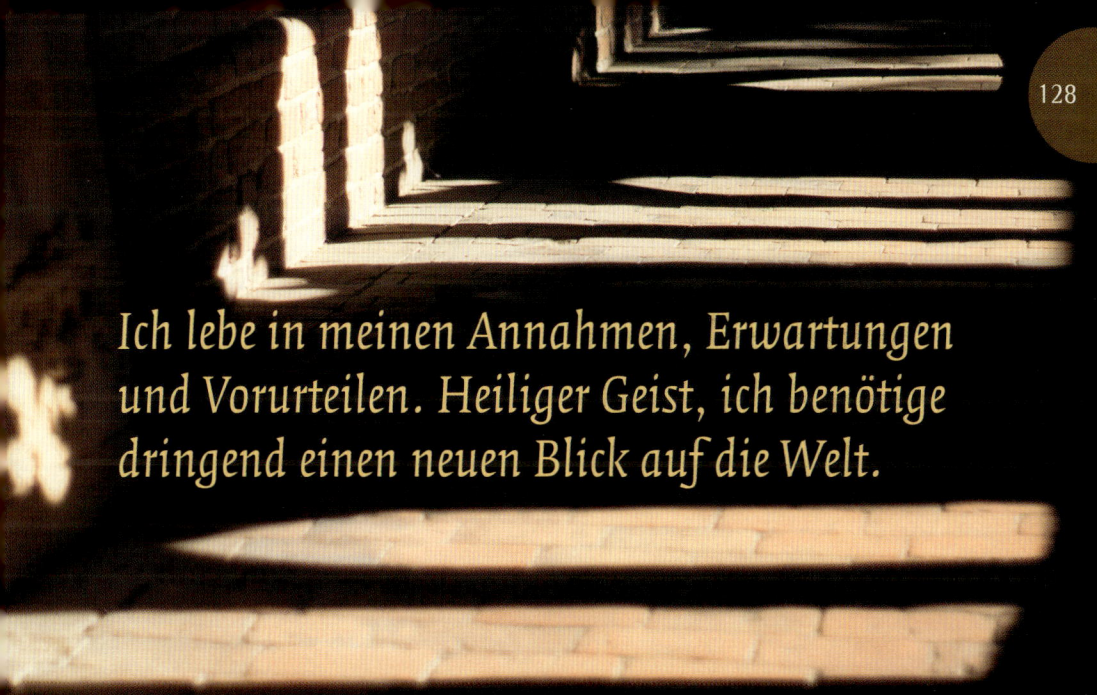

Ich lebe in meinen Annahmen, Erwartungen und Vorurteilen. Heiliger Geist, ich benötige dringend einen neuen Blick auf die Welt.

Mit meiner geschädigten Imagination habe ich mir ein Bild von dir erschaffen. Doch ich will herausfinden, wie du wirklich bist.

Bitte sei das Feuer,
das alles in mir
verbrennt,
was mich hindert,
frei zu sein.

130

Erinnere mich daran, dass ich noch nicht am Ziel bin, sondern dass mich weitere Veränderungen und noch mehr Wachstum erwarten.

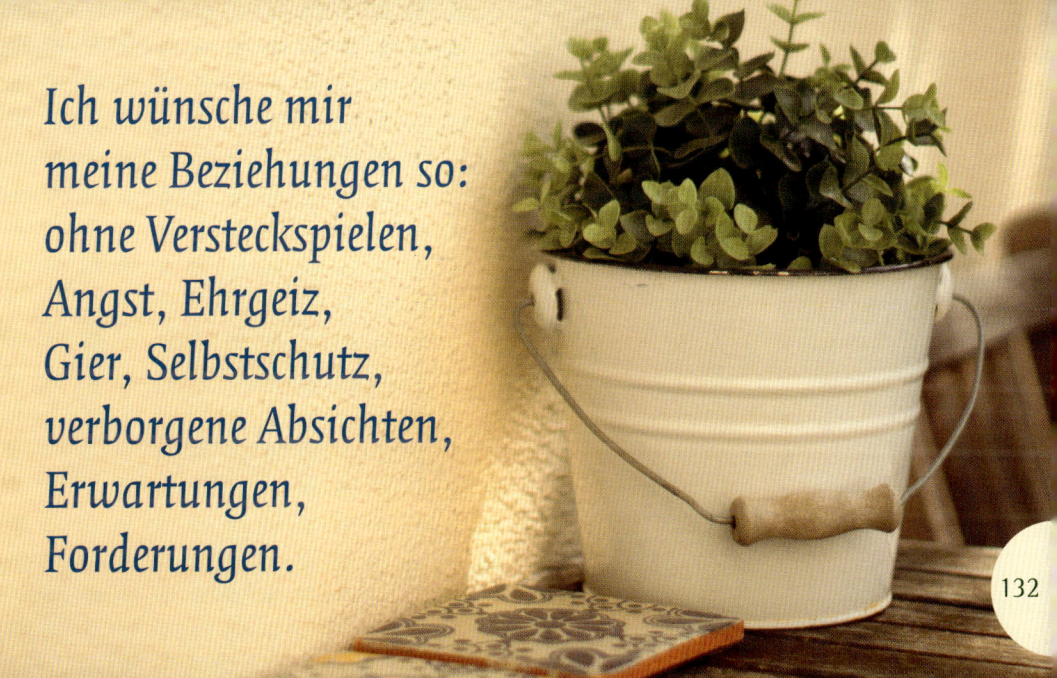

Ich wünsche mir
meine Beziehungen so:
ohne Versteckspielen,
Angst, Ehrgeiz,
Gier, Selbstschutz,
verborgene Absichten,
Erwartungen,
Forderungen.

132

Ständig versuche ich,
eure Beziehung umzudeuten.
Doch ihr bringt mich mit
eurer Demut und
gegenseitigen Fürsorge
immer wieder aus dem
Konzept.

133

134

Ich versuche
herauszufinden,
wo mein Platz ist,
damit ich mich
wenigstens einem
Menschen überlegen
fühlen kann.
Aber ich hasse
mich dafür.

Lieber will ich in
einem Gefängnis sitzen,
als mich auf die Unsicherheit
der Freiheit einzulassen.
Bitte zerstöre, was mich diese
Fesseln akzeptieren lässt.

136

Du weißt, dass
wir es nicht
besser wissen.
Wir sind blind
und haben
uns verirrt.
Bitte komm
und finde uns.

Schenke mir die Weisheit
zu unterscheiden,
wann eine Veränderung
eine Selbsttäuschung ist,
die mich bindet, und wann
sie in die Freiheit führt.

Wenn wir keine
Hierarchien und
Machtausübung
haben, was
wird dann aus
unserer Sicherheit?
Vertrauen?
Ich soll dir vertrauen?

138

Jesus, zeige mir, wie ich an eurem Weg mitwirken kann – indem ich die Entscheidungen anderer respektiere, um sie zur Freiheit zu inspirieren.

... und ihr lasst allen
ihre persönliche Freiheit,
damit sie den Einen
finden.

Was ist, wenn das,
was wir für normal halten,
falsch ist, tödlich falsch?

Ich will das Paradies für mich,
für die Menschen, die ich liebe,
für meine Feinde,
für die gesamte Menschheit,
für den ganzen Kosmos.

... und die Welt,
wie wir sie kennen,
und mein Platz darin
würde einstürzen.
Das macht mir Angst,
aber es erfüllt mich auch
mit Hoffnung!

144

Wie wäre es,
wenn wir
unseren Platz
im Leben
jenseits von
Macht und
Kontrolle
fänden?

In einer Gemeinschaft
zu leben, in der alles
miteinander geteilt wird,
bewirkt, dass wir uns geehrt
und respektiert fühlen.

Einst glaubte ich, du wärst jemand,
der mich hart für meine Sünden bestraft.
Heute glaube ich, dass das eine Lüge ist.

146

Heiliger Geist, du bist
ein Genie darin, Schlechtes
in Gutes zu verwandeln.
Stets arbeitest du daran,
meine Sorgen und Leiden
umzuwandeln.

Darauf hoffe ich:
dass ich weder
stark genug bin,
um deinen Charakter
zu verwandeln,
noch mächtig genug,
um deine Absichten
zu verändern.

Wir verharren aus Angst vor
Enttäuschung oft lieber in
der Illusion der Verheißung,
als das erträumte Ziel
tatsächlich zu verwirklichen.
Ist das nicht traurig?

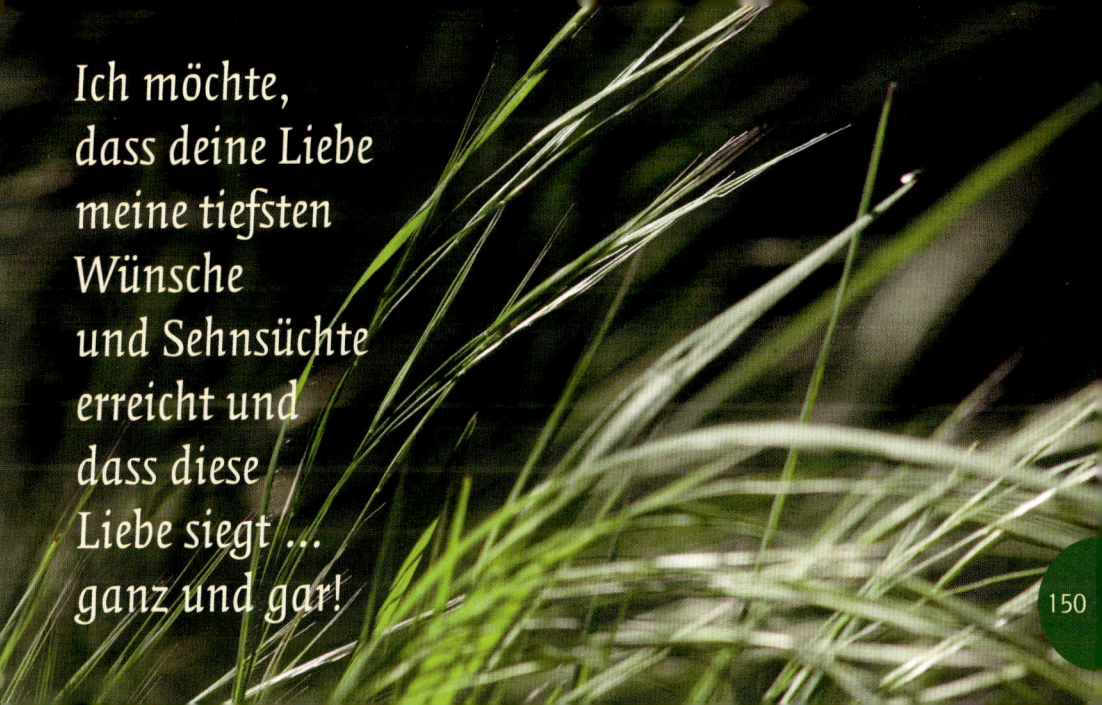

Ich möchte,
dass deine Liebe
meine tiefsten
Wünsche
und Sehnsüchte
erreicht und
dass diese
Liebe siegt ...
ganz und gar!

150

Wäre es nicht leichter,
wenn ich einfach einer
Liste von Geboten gehorchte?
Doch tief drinnen fühle ich,
dass Vertrauen das ist,
was ich wirklich will.

Bitte hilf mir, die
Lügen zu erkennen,
mit denen ich
mich selbst vom
wirklichen Leben
ausschließe,
auch die Lügen,
die mir kostbar
erscheinen.

152

Vertrauen ist die
natürlichste Sache der Welt,
wenn ich bereit bin,
das Geschrei des Verstandes
zu ignorieren, und glaube,
dass du mich wirklich liebst.

Danke, dass du mich liebst. Bitte lass unsere Beziehung mich erfüllen. Bringe die Stimme meiner Schuldgefühle zum Schweigen.

154

Ich kann mir
keine Beziehung ohne
Erwartung und Leistungsdruck
vorstellen ... es sei denn,
ich werde so geliebt und
akzeptiert, wie ich bin.

Lehre mich,
mehr wie du
zu leben –
wahre
Veränderung
und Erlösung
zuzulassen,
statt mich selbst
zu rechtfertigen.

Heiliger Geist,
danke, dass du so
unvorhersagbar bist!
So beunruhigend und
gnadenreich.

Ich bin umgeben
von deiner
komplexen Vielfalt
und Eleganz,
doch viel zu oft
bin ich dafür
blind und
unempfänglich.
Bitte heile
meine Augen.

158

Ich bin das Durcheinander!
Könnte es sein, dass du
hier zu Hause bist,
in diesem Durcheinander,
in mir?

Hilf mir, auch in
kleinen Alltagsdingen
nicht den höheren Sinn
aus den Augen zu verlieren,
der sich mir offenbart,
wenn ich mich darauf einlasse.

Eines Tages musst
du mir erklären,
wie Stechmücken,
Wespen und Zecken
da hineinpassen ...

Heute bete ich dafür,
dass wir uns selbst
als die Schöpfungen
lieben, deren Leben
einen Sinn hat
als Teil deiner Größe
und Majestät.

Bitte zeige mir,
wie ich die Freiheit
kennenlernen kann,
die Beziehung und
die Gemeinschaft
mir ermöglichen.

Danke für die Aufregung
jeder neuen Entdeckung,
für die unzähligen Schätze,
die du überall versteckt hast,
und für die Reise,
auf der wir sie finden.

Ich dachte, Freiheit wäre
Unabhängigkeit – Irrtum!
Ich möchte wirklich frei sein
und lernen, zu vertrauen.
Und wissen, dass du
mich wirklich liebst.

Ich bekenne mich schuldig,
deine Schöpfung zu missbrauchen
und immer neue Ausreden
für diese Ausbeutung zu erfinden.
Bitte ändere diese Verhaltensweisen.

Wegen meiner Unsicherheit
war es mir unangenehm,
etwas nicht zu wissen.
Heute sage ich:
»Ich weiß es nicht« …
und fühle mich damit
immer wohler.

Danke, dass du mich so sehr respektierst,
dass du mich nur dann heilst,
wenn ich selbst daran mitwirke.
»Wir« müssen die Wurzeln ausgraben.

Wie peinlich wird es sein,
auf eine gute Weise,
wenn ich im Licht
schließlich sehe, wie viel
ich in die falschen
Dinge investiert habe.

In unseren Märchen
verbergen sich tiefste Sehnsüchte ...
Wir wünschen, dass der Königssohn
uns aus unserem Schlaf weckt
und wir dann glücklich leben.

Nur wenn du in mein Herz
und meinen Geist einziehst,
kann ich meine selbstsüchtige
Existenz hinter mir lassen.
Du bist meine Hoffnung
auf Veränderung.

Es gibt einen Ort,
wo unsere
Theorien,
Ideen und Urteile
bedeutungslos werden.
Wir werden als das
erkannt, was wir sind.
Es wird unsere Rettung sein.

Die Brutalität unserer Welt
ermüdet mich so.
Du stehst uns nicht nur
zur Seite, sondern bist sogar
eins mit uns geworden,
damit wir in dir
einen anderen Weg finden.

Ich gestehe, dass ich mich selbst zum Maß aller Dinge gemacht habe. Das hat nicht besonders gut funktioniert. Von nun an will ich nicht länger urteilen.

Unsere Religionen dienen
dazu, dich auf Distanz
zu halten, damit wir uns
vor dir verbergen können,
während sie uns
das Gefühl vermitteln,
wahre Gläubige zu sein.

Heiliger Geist,
ich möchte
die Dinge von
nun an auf
andere Weise
sehen.
Schenke mir
Jesu Augen,
Gottes Herz
und deine Liebe.

Bitte tue
alles Erforderliche,
damit ich dein Leben
teilen kann.

Lehre mich zu lieben, wie du liebst,
und immer daran zu denken,
dass jeder Mensch einst ein kleines Kind war
und von dir geliebt wird.

Hilf mir, dass ich
mich nicht hinter meinen
Rechten verstecke, sondern
mich in den Standpunkt
der anderen hineinversetze
und mein Herz öffne.

Im Dunkeln habe ich
definiert, bewertet und
verurteilt, um die
Dinge unter Kontrolle
zu haben, statt meine
Menschlichkeit zu zeigen.

Wenn du nicht existierst oder gut bist, werde ich nicht den Mut aufbringen, auf meine Rechte zu verzichten. Lebe in mir, Jesus, der Dienen und Demut verkörpert.

Du kannst die Schönheit sehen,
wo ich nur Verlust sehe.
Heile meine Augen!

182

Meine Seele?
Hast du womöglich längst
den Weg in den Garten
meiner Seele gefunden?

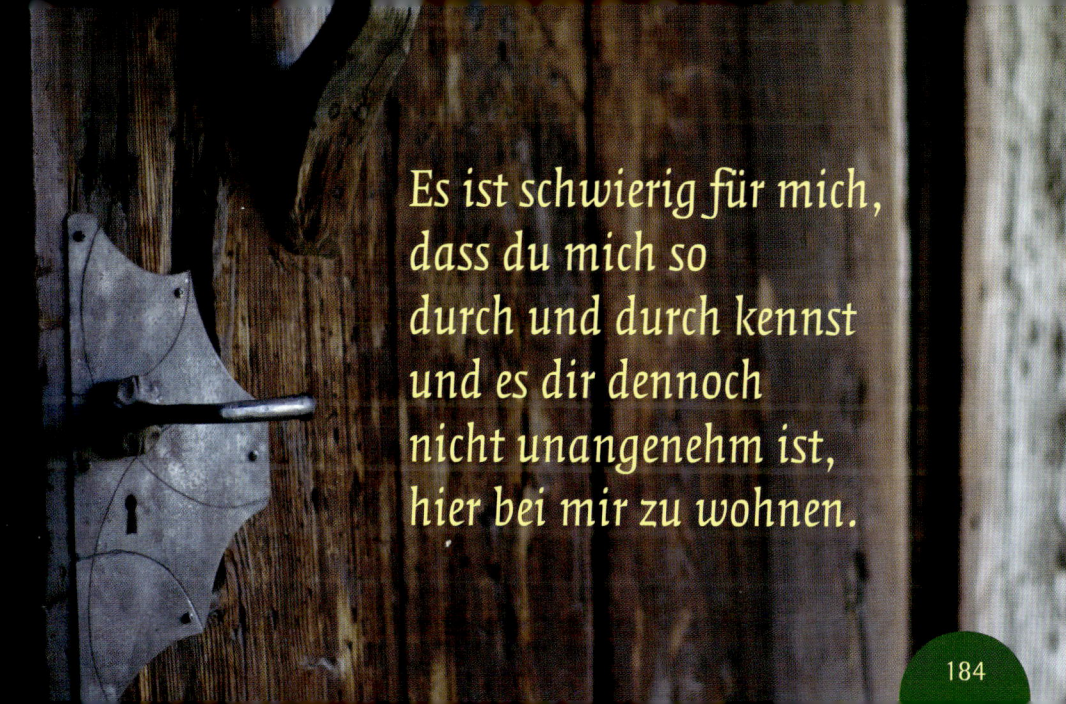

Es ist schwierig für mich,
dass du mich so
durch und durch kennst
und es dir dennoch
nicht unangenehm ist,
hier bei mir zu wohnen.

184

Jesus verschränkte die Arme: »Ich will mit dir hinübergehen.« Mit mir? Eine Abhängigkeitserklärung? Ich möchte auch hinübergehen ... mit dir!

Danke für deine
Güte und Gnade,
die mich zum
nächsten Schritt
ermutigen,
wie unmöglich
dieser auch
scheinen oder
sich anfühlen mag.

186

Manchmal muss ich
über dich schmunzeln!
Meine Zuversicht ist groß,
aber ich weiß nicht,
wie ich in dieses Boot
klettern soll.

Die Vorstellungskraft ist eine bittersüße Gabe.
Du bist die Quelle der schöpferischen Imagination.
Lehre mich, dieses Wunder richtig einzusetzen.

Durch die Religion wurde
ich darauf konditioniert,
jede Begegnung mit dir
als Test zu betrachten.
Dabei bist du Beziehung,
nicht Religion.

Die Gegenwart
ist real, lebendig,
furchteinflößend
und fordert meine
Aufmerksamkeit.
Nur dort kann
ich bei dir sein.

190

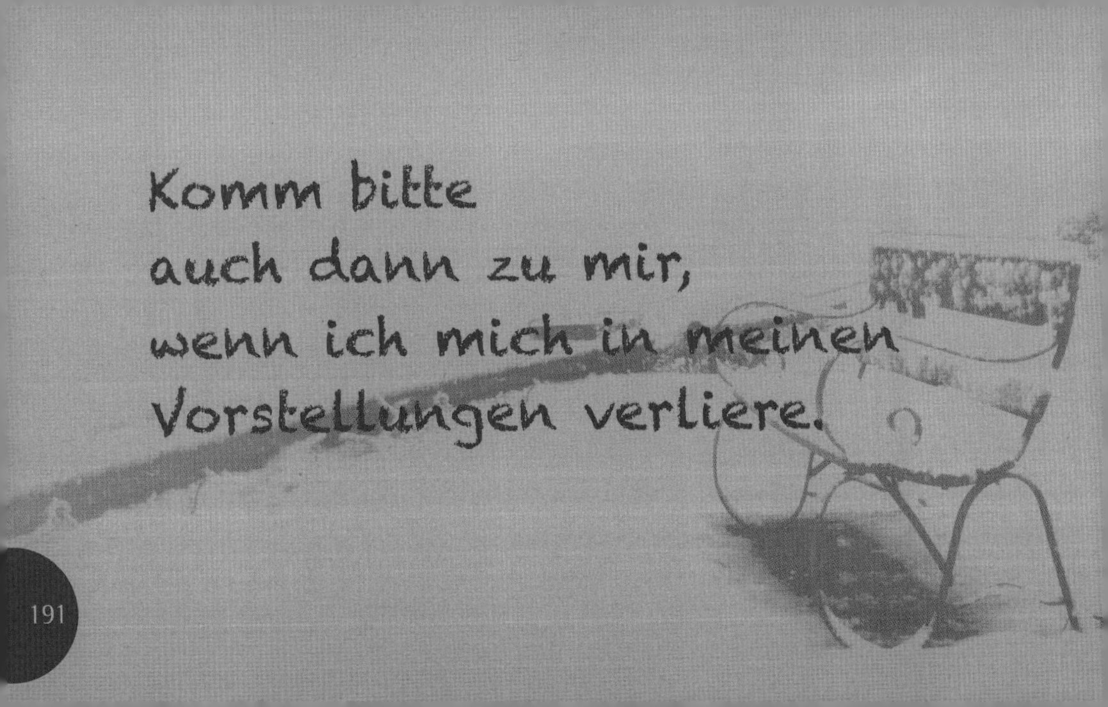

Komm bitte
auch dann zu mir,
wenn ich mich in meinen
Vorstellungen verliere.

Du lebst nur in
dem, was real ist.
Ich gestehe, dass
meine angstbesetzten
Vorstellungsbilder
für mich manchmal
realer sind als du.

Ich versuche,
Menschen zu kontrollieren,
statt mich auf eine echte
Beziehung einzulassen.
Oft ist mir Sicherheit
wichtiger als Glauben.

Hilf mir, damit aufzuhören, meine Zeit
mit Fantasien zu vergeuden, besonders mit
Vorstellungen von der Zukunft, die nicht real sind.

Du hast recht.
Ich bin ein Ungläubiger,
was deine Liebe zu
mir angeht. Hilf mir,
dass ich glauben lerne.

Also werde ich heute,
so gut ich kann,
daran glauben,
dass du mich liebst.

Hilf mir zu erkennen,
was der nächste Schritt
auf meinem Weg ist.
Schenke mir den Mut,
den sicheren Boden des
Vertrauten zu verlassen.

Ich habe das Gefühl, dass ich für
das Unmögliche erschaffen wurde.
Sagte ich schon, dass es mir Angst macht?

»Was kein Auge gesehen und kein Ohr gehört hat, ... das Große, das Gott denen bereitet hat, die ihn lieben.«

1. Korinther 2,9

Vergib uns!
Wir wissen nicht,
was wir tun.

Jesus, alles auf
diesem Planeten wird
von dir erhalten.
Lehre uns, an diesem Ort
mit Ehrfurcht und
Achtung zu leben.

Danke, dass du deinen Heiligen Geist ausgießt, sodass wir lernen, dich, uns selbst, einander und die Schöpfung zu lieben.

Wenn ich Herr und
König wäre. ...
Wäre ich wahrscheinlich
der Einzige, der übrig ist.
Danke, dass du kein
Tyrann bist.

Was deiner Liebe
am nächsten kommt,
scheint mir die
Liebe der Eltern zu
ihrem Kind zu sein.
Das verstehe ich erst,
seit ich selbst
Kinder habe.

Denn gäbe es diese
hingebungsvolle,
fürsorgliche
göttliche Liebe nicht,
wer könnte dann
jemanden wie mich lieben?

Der Gott des Universums
verneigt sich vor mir
und wäscht mir die Füße?
Ich bin sprachlos und
unendlich tief berührt!

Religion ist der Versuch, deine Zuneigung zu gewinnen. Dabei hast du uns längst in das Leben des Vaters, Sohns und Heiligen Geistes eingeschlossen.

Und du bist
wirklich nicht
zornig auf mich,
weil ich erst
so geringe
Fortschritte
auf diesem Weg
gemacht habe?

Dass ich mich für die
Unabhängigkeit entschied,
ist die Wurzel vieler Übel
in meiner Welt.
Bitte fahre damit fort,
mein Herz zu heilen.

So viele schlechte
Gewohnheiten
stehen mir im Weg.
Je mehr ich mit Jesus
an meiner Seite gehe,
desto mehr erkenne
ich, dass ich mich
ändern muss.

Ich fürchte, das Gleichnis
vom verlorenen Sohn sei
ein einmaliges Ereignis
gewesen und gelte nicht
für mich. Hilf mir,
das Wagnis einzugehen
und zurückzukehren.

Eine Rolle zu spielen ist sicherer, aber man fühlt den Schmerz, ein unauthentisches Leben zu führen. Ich will das nicht. Ich will mehr!

Jesus, bitte hilf mir,
mit dir gemeinsam gegen
die Lügen anzugehen,
die aus meinen seelischen
Wunden entstanden sind.

Ich habe gelernt,
Unabhängigkeit
als Stärke und
Beziehung als
Schwäche zu sehen.
Doch du lädst
mich ein, mich
auf Beziehung
einzulassen.

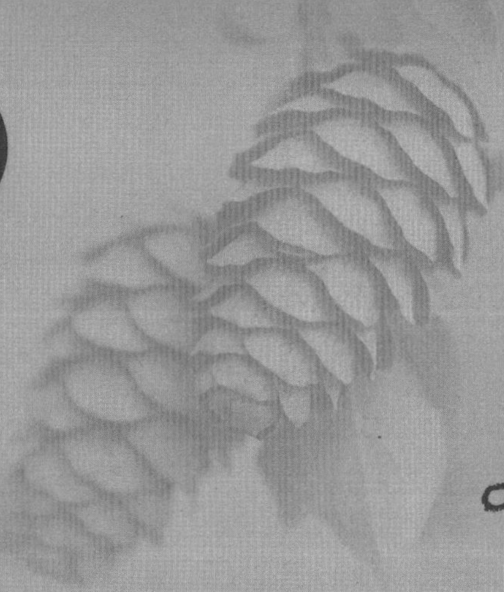

Und die
ganze Zeit
dachte ich,
die Frau wäre
»schuld«.

Wieder redete ich mir ein,
ich könnte es aus eigener Kraft schaffen.
Jesus, bitte vereine dein Herz und
seine Fähigkeit zur Demut in meinem.

Das Ende meiner Unabhängigkeit heißt nicht, dass ich im Stich gelassen werde, sondern es ist eine Einladung zur Teilnahme an deiner Gemeinschaft.

Wie oft schon bin ich auf die Nase gefallen
beim Versuch, »es richtig zu machen«,
nur um herauszufinden, dass dies eine
sich ständig verändernde Schimäre ist.

Hilf mir, in dunklen Zeiten
nicht mein eigenes Feuer
anzuzünden, sondern die
Unsicherheit auszuhalten,
die mich tiefer in mein
Vertrauen zu dir führt.

»Heute ist ein sehr ernster Tag
mit sehr ernsten Konsequenzen.«
Doch welcher Tag und Mensch,
welche Beziehung wären nicht ernst?

Ich trage Wunden aus der
Kindheit mit mir herum.
Ich weiß, dass ich
vergeben und das Gute,
das mir geschenkt wurde,
ehren muss.

Ich glaube, dass die wahre
Herausforderung darin besteht,
einen echten Wandel in Herz und Seele
des Menschen herbeizuführen.

Danke, dass du mich
auf diese Weise siehst –
nicht als anonyme Nummer,
sondern als zerbrechliches,
einzigartiges, wunderbares
Wesen.

Warum fällt es
uns so schwer,
daran zu glauben,
dass unsere Liebe
zu unseren
eigenen Kindern
ein Spiegelbild
deiner Art
zu lieben ist?

Ich möchte erkannt und
wirklich geliebt werden,
damit ich erkennen
und lieben kann.
Du kennst und du
liebst mich.

Wenn mich
Dunkelheit umgibt,
glaube ich lieber an die Lüge,
dass ich allein im Dunkeln
sicherer bin als bei dir.

Dein göttliches Urteil über mich lautet, dass ich ein Wrack bin, auf ewig geliebt, weil du dich darauf spezialisiert hast, Wracks zu erlösen.

Ich gebe zu,
dass ich ein Geschworener
und Henker bin,
denn ich weiß nicht,
wie ich anders überleben soll.
Hilfe!

Wahrer Liebe können wir nur ins Auge schauen, wenn wir völlig aufrichtig sind. Entweder ich vertraue, oder ich kehre zu den Versteckspielen zurück.

Wie tief diese
Ironie geht!
Warum kann
ich mich selbst
nur lieben,
wenn ich
mich anderen
überlegen fühle?

Ich vertraue darauf,
dass es Teil meiner
Befreiung sein wird,
nicht länger andere
herabzusetzen, indem
ich über sie urteile.

Manchmal speist sich mein Egoismus daraus, dass ich zu gut oder zu schlecht von mir denke, oder denke, ich wäre alles, was ich habe.

232

Ich verschließe die Augen
vor meinen eigenen
Schattenseiten,
doch die Fehler anderer
sehe ich überdeutlich.
Ist das Heuchelei?
Ja, in der Tat.

Würde ich angesichts all des Schadens,
den wir uns selbst und anderen zufügen,
vorziehen, du hättest uns nicht erschaffen?
Nein. Ich setze meine Hoffnung in dich, zu heilen.

Wenn man dir nicht vertrauen kann, dann bin ich ohne Hoffnung. Aber mein Herz erlaubt es mir nicht, auf eine solche Weise zu leben.

Vergib mir,
dass ich dachte,
für dich wäre das
alles nur ein
kosmisches Spiel
oder Experiment.

Ich erinnere mich,
dass ich das
glauben wollte.
Ich hielt mich
für besser
als andere Leute.

Ich bin zutiefst dankbar,
dass Jesus keine abstrakte
Ideologie ist, sondern
dein lebendiges Wort,
dass er aus Liebe
zum Gespräch wurde.

238

Ich betrachte die Welt
berechnend und rational.
Verbinde meinen Kopf
mit meinem Herzen,
damit ich ein ganzer
Mensch werden kann.

240

Der Wunsch,
die Schmerzen
meines Kindes
selbst auf mich
zu nehmen,
kann ihren
Ursprung nur
in deiner Art
zu lieben haben.

Wenn wir mit
deiner Liebe lieben,
sind wir bereit,
uns selbst zu verdammen,
damit einer unserer
Brüder oder Schwestern
nicht mehr leiden muss.

Andere
Menschen,
diese ganze
Schöpfung
und sogar
ich selbst
sind es wert,
geliebt zu werden,
unter allen Umständen.

242

Am ehesten bekomme ich ein Gefühl für die Größe deiner Liebe, wenn ich die Liebe zu meinen Kinder spüre, für die ich bereit wäre zu sterben.

Bezüglich deiner Natur
sind wir völlig im Irrtum.
Athanasius sagte:
»Unser aller Gott ist gut.
Daher liebt er die menschliche Rasse.«

Ich dachte, du würdest
Böses erschaffen, weil das
einem höheren Zweck dient.
Diese Lüge hat mich davon
abgehalten, dir zu vertrauen.

Du bist ein Wunder!
Du respektierst sogar
unsere dunklen Wünsche
und zeigst uns
durch deine Liebe
den Weg ins Licht.

246

Das Kreuz –
das schrecklichste
und majestätischste
Geheimnis des Kosmos.
Hingebungsvolle,
fürsorgliche Liebe!

Manchmal hätte ich gerne, dass du
mich »reparierst«, aber im Herzen weiß ich,
dass wahre Liebe nicht so handelt.

Mein Gott, ich gebe auf.
Lehre mich, wer du bist.

Wir mit den
verwaisten Herzen
schauen von
draußen zu.
Der Ruf »nach
Hause« ist leise,
doch keiner von
uns kann ihm
dauerhaft
widerstehen.

Ich bin erbarmungswürdig und habe doch eine ewige Bestimmung. Weißt du, was du tust, wenn du mich in deine Liebe einschließt?

Ich hielt dich für einen strafenden Gott.
Dann kam Jesus, und ich fand heraus,
dass du für den Schaden büßt,
den die Menschen anrichten.

Ich habe es für
normal gehalten,
dass mein Schmerz
ewig dauern würde.
Er gab mir Orientierung,
und ich habe Angst,
ihn zu verlieren.

Was soll ich jetzt tun?
Wer bin ich denn
ohne diesen Schmerz,
der so lange
mein Begleiter war?

254

Innerhalb deines Einsseins
liebst du jedes Individuum
als etwas Besonderes.
Meine Fähigkeit, auch so
zu lieben, geht von dir aus.

Kinder wenden sich
an dich, ohne zu zögern,
während wir Erwachsenen
auf eine Einladung warten.
Es ist eine Lüge, dass wir
keine Kinder mehr sind.

Meine fünf Sinne
definieren, was »real« ist.
Bitte zeige mir, wie ich
das Unsichtbare »real«
und geheimnisvoll
sein lassen kann.

Wenn du mich in meiner Rebellion
nicht aufgegeben hast, wieso fürchte ich dann,
du würdest mich in meiner Bedürftigkeit
im Stich lassen?

Ich danke dir!

Du heilst mich nicht, damit ich unabhängig werde,
sondern damit ich an deiner Gemeinschaft teilnehme.

Ich fürchte das Rampenlicht
nicht, wenn ich weiß,
dass der Scheinwerfer,
der auf mich gerichtet ist,
mich besonders gern hat.

Ich weiß, dass
mein Schweigen
nur die Dunkelheit
verstärkt, in
der Lügen und
Ängste wachsen.
Ich möchte
ein Mensch im
Licht sein.

Darf ich glauben, dass
es wirklich so einfach ist?
So zu leben, dass ich mich
geliebt fühle, frei von
Hintergedanken?

Jesus, du hast
alle Welten überquert
und uns gefunden.
Nun lädst du
uns dazu ein, in
aufrichtiger Beziehung
mit dir zu leben.

Manchmal ist es schwer
zu glauben, dass der
Schöpfer voll und ganz
Mensch geworden ist
und »Spaß« ihm genauso
viel bedeutet wie mir.

Jesus, es war
immer etwas
an dir, das mich
magisch anzog
und mich
veranlasst hat –
darf ich es gestehen? –
dich zu lieben.
Ich liebe dich.

266

Danke, dass du mich nicht aus der Ferne mit Missbilligung betrachtest, sondern bei mir bist, Anteil an meiner Entwicklung nimmst.

Du bist der
Große Weber.
Bitte nimm
meine Farben,
füge sie deinen
hinzu und
mache etwas
Großartiges
daraus.

Du hast nicht von
mir erwartet, dass ich
viel weiter sein müsste,
als ich es heute bin?
Du bist nicht
wütend auf mich,
nicht enttäuscht?

Dass dieses lebendige,
tanzende Universum
Teil meiner Bestimmung ist,
erfüllt mich mit Hoffnung.

Ich will Mitglied einer lebendigen Kirche sein, die wie ein sprudelnder Fluss ist und die Schmerzen und Sorgen der Nationen heilt.

Jesus, danke,
dass du unsere
Wut, Verachtung,
Brutalität erträgst
und das kostbare
Fundament bist,
auf dem wir
unser Leben aufbauen.

272

Statt Papa Gott zu suchen,
fällt es uns leichter,
uns über seinen kirchlichen
Imitator zu ärgern.
Heile unsere Augen,
damit wir Ihn/Sie finden.

Ich weiß, dass
authentisches Verhalten
für eine Gemeinschaft
unerlässlich ist.
Möge es mir gelingen,
in dieser Hinsicht
Vorbild für andere zu sein.

274

»Welches Kind würde denn
eine Predigt einem bunten
Drachen vorziehen, den es mit
Gott als Spielkameraden
steigen lässt?«

George MacDonald

Hilf mir,
erst einmal in
diesem Augenblick
einfacher
Erkenntnis
zu verweilen,
statt gleich wieder
nach etwas
Anderem
zu suchen.

276

Einfach mit dir zu »sein«, auf die Beziehung zu vertrauen, die das Zentrum aller Dinge ist, erfüllt mich mit einer verstörenden Hoffnung.

Und dennoch liebst du
die Religiösen, die so viel
Schaden anrichten.
Es sind meine Leute,
es ist unsere Kirche.
In dir liegt Hoffnung
für uns alle.

Was für ein Geschenk
ist die Ehe, um unseren
Egoismus aufzulösen und
das kostbarste, in unseren
Seelen verborgene Gold
zum Vorschein zu bringen.

Wir glauben,
dass die von uns
geschaffenen
Institutionen
beherrschbar sind,
doch das ist eine
Illusion. Danke,
dass du uns ihnen
nicht überlässt.

Jesus,
du bist gelebte Liebe,
die völlig frei von
Hintergedanken ist.
Danke, dass wir
dein Leben mit dir
teilen dürfen.

Danke, dass du mich
ans Ende meiner
persönlichen Ressourcen
gelangen lässt,
damit ich meinen Blick aufwärts
und weg von mir selbst richte.

Ich versinke!
Du willst mich nicht zu
meinen Bedingungen retten?
Du willst, dass ich dir
wirklich vertraue und
es nicht bloß behaupte?

Selbst dieses kleine bisschen Vertrauen scheint mir unauffindbar. Bitte suche es in meiner Seele. Ich möchte, dass dieses Pflänzchen wächst.

Ich nehme an,
ich soll lernen,
dass die Gnade
auch für mich da ist
in meinem Alltag.
Dein Charakter ist
meine Garantie dafür.

Ich weiß, dass
echte, dauerhafte
Veränderung
ihre Zeit braucht.
Du flüsterst mir zu,
ich sei es wert,
dass du mir deine
Zeit widmest.

Ich versuche, andere Menschen zu ändern, weil ich glaube, ich könnte das besser als du. Doch meine Erfolgsquote ist nicht gerade hoch.

Wenn alles gesagt und getan ist,
dann möchte ich ... frei sein!

Jesus, du hast mir einst gesagt, dass dein Vater niemanden richtet.

Johannes 5,22

Befreist du mich bitte, damit ich auch so sein kann?

Es ging dir also um mich.
Du hast die 99 anderen Schafe
allein gelassen, um das eine
zu finden ... mich zu finden.

Ich finde es aufregend,
dass deine Fähigkeiten
mein Vorstellungsvermögen
übersteigen, dass deine
Absichten vielfältig
und gnadenreich sind.

Gott, befreie mich
davon, zu richten
und zu urteilen.
Aber bitte nur
schrittweise,
denn ich bin mir
nicht sicher,
wie viel dann von
mir übrig bleibt.

292

Mögen meine Augen offen
dafür sein, dich überall
zu sehen, in Mythen, Poesie,
Märchen – der goldene Faden
deiner Gegenwart und
Geschichte.

Wie konnte ich je denken,
der Zweck heilige die Mittel,
die Vielen seien mehr wert
als ein Einzelner, und du
wärst ein Wolf im
Schafspelz?

294

Immer, wenn ich zugab,
dass ich dein Leben
und deinen Charakter
missverstanden habe,
hast du zu mir gesprochen.

Vergib mir, Jesus, dass ich die Lügen über
deinen Vater geglaubt und weitererzählt habe.

Allmählich begreife ich,
dass ihr, Jesus, Vater,
Heiliger Geist, einander
seit Anbeginn der Zeit liebt
und zu uns Menschen in
Beziehung tretet.

Allzu leicht vergesse ich, dass du mich voll und ganz kennst, dass ich dich niemals überraschen oder etwas vor dir verbergen kann.

Ich habe das Gefühl,
ein Versager zu sein.
Ich will nicht länger
so leben. Heile mich,
damit ich in der
Lage bin, von innen
nach außen zu leben.

Ich bin ein
Versteckspieler,
ein Lügner.
Ich verbiege und
verheimliche
meine Wahrheit.
Mein Ja oder Nein
ist selten ein
einfaches. Hilfe!

300

Könnte ich mich nicht
einfach entschuldigen?
Dann behalte ich
Macht und Kontrolle,
und es ist einfacher,
als um Vergebung
zu bitten.

Gott, ich will
nicht eines Tages
als alter Mensch
mich fragen:
»Wie wäre es
gewesen, wenn
ich das Wagnis
des Glaubens
auf mich
genommen hätte?«

Offen, authentisch,
aufrichtig zu sein,
einfach jemand,
der die Wahrheit sagt –
das wäre die
Erfüllung eines Traumes.

Du hast einen hohen Preis dafür bezahlt,
einen Weg in meine tiefe Dunkelheit zu finden
und mich ins Licht zu rufen.

Es schien leichter,
mir einzureden, dass ich
völlig unbedeutend bin.
Aber du sagst mir
immer wieder,
dass dem nicht so ist.

Ich bin auf den Mythos hereingefallen,
dich manipulieren zu können, und Dinge zu tun,
die bewirken, dass du mich nicht mehr liebst.

Wahre Liebe übt
niemals Zwang aus.
Danke!

Weil ich dachte,
du würdest
manchmal Böses tun,
habe ich aufgehört,
dir zu danken.
Ich habe mich geirrt,
und ich danke dir für ...

Unabhängigkeit war nie
eine deiner Eigenschaften.
Ich selbst habe sie gewählt,
zu meinem Schaden.
Danke, dass du mich
trotzdem in deine
Zuneigung einbeziehst.

Wie unglaublich
»anders« ist
dein Charakter!
Du erlöst uns
von unseren
Katastrophen,
obwohl wir stets
dir die Schuld
an ihnen geben.

Wahre Liebe erfordert wahre Freiheit und die Bereitschaft, wirkliche Risiken einzugehen. Das ist Teil unseres Erwachsenenwerdens.

Wir sind unsere schlimmsten Kritiker.
Gewähre uns kurze Augenblicke auf das Wunderbare,
das wir sind, wunderbarer, als wir es uns vorstellen.

Manchmal bewirkt
die Dunkelheit, dass ich
die Freuden vergesse,
die du mir geschenkt hast,
und die Menschen,
durch die du Licht in
mein Leben gebracht hast.

Ständig jammere ich herum und beklage mich. Deine Zuneigung überwindet die Kluft, die ich mit meiner Nörgelei erzeuge.

Jesus, in dir, dem Vater
und dem Heiligen Geist
gibt es keine Dunkelheit.
Ihr habt auf den Tod
geantwortet durch Heilung
und Wiederauferstehung.

Inmitten dieses Chaos', das wir Leben nennen,
öffne du meine Augen, auf dass ich
die Gegenwart des Heiligen Geistes sehe.

Jesus musste Gottes Zorn ertragen, um herauszufinden, dass es unser Zorn war, damit er uns annehmen konnte, wie wir sind.

Hebräer, 12,3

317

318

Jesus, du bist die einzige Hoffnung für mich.
Die Natur einer so bereitwilligen,
hingebungsvollen Liebe ist für mich unbegreiflich.

Seit jeher hast du an jeden Einzelnen von uns gedacht, und von dieser Zuneigung bist du niemals abgewichen.

Das sind deine Worte,
nicht meine.

2. Korinther 5, 18–19

Sie machen mich
demütig und still.

Was hält mich von dir fern?
Warum laufe ich vor
dem davon, der mich
am besten kennt und
mich am meisten liebt?

Einst dachte ich, ich müsste dich spüren, um an
dich zu glauben. Heute bin ich dabei, erwachsen
zu werden und dich wirklich kennenzulernen.

Weißt du, wie taub ich bin?
Lehre mich, deine Gedanken
in meinen zu hören,
dich genau dort zu hören,
wo das Leben stattfindet.

Was ist, wenn ich
Fehler mache?
Lehre mich,
über mich selbst
zu lachen.

Ich fange an, mir
einzugestehen,
dass auch ich
Fehler mache.
Ich bin viel zu
eingebildet!

Bitte heile mich,
sodass ich nicht nur
die volle Bandbreite
meiner Emotionen erlebe,
sondern sogar lerne,
ihnen zu vertrauen.

Der Tag wird kommen,
an dem wir keine einzige
Regel mehr brauchen.
In Gottes Königreich
gibt es keinen Stacheldraht.

328

Jesus, du bist
die Quelle und
der Sinn meiner
Existenz.
Ohne dich werde
ich mich selbst
niemals kennen
und andere
ebenso wenig.

Von einem traumatisierten
Menschen geliebt zu werden,
ist immer noch besser,
als mit Regeln und
Erwartungen zu kuscheln.

Es war immer schon einfacher,
recht zu haben als zu lieben.

330

Heiliger Geist, hilf mir,
meine »kirchliche Brille«
abzunehmen, um zu sehen,
was wirklich in Jesus' Welt
geschieht. Öffne mir Herz
und Sinne.

Um auf neue, frische Weise sehen zu können, muss ich mir erst einmal eingestehen, dass gegenwärtig mein Blick getrübt ist.

Heiliger Geist, hilf mir,
in alltäglichen Gesprächen,
Sonnenuntergängen,
Lachen und Traurigkeit
dich zu sehen.

334

»Was hindert uns
eigentlich daran?«,
ist die Frage, der wir
uns gegenübersehen.
Meistens weiß ich
nicht, wie ich es
dorthin schaffen soll.

»Ich bin nicht liebenswert« -
aber wir werden
akzeptiert und geliebt.
Wir beginnen dann,
Zuneigung einzuatmen
und Gnade auszuatmen.

Die Religion fordert, dass ich den Spiegel
benutzen soll, um mich zu reinigen.
Dabei wäschst du mein Herz
und reinigst meine Seele.

Weil du in mir lebst,
werde ich ein Mensch sein,
der nicht lügt, stiehlt,
Ehebruch begeht, nach
dem Besitz anderer giert,
falsche Idole erschafft etc.

Ein nasser Hund
riecht schlimmer
als ein Skunk,
doch sind beide
wie Parfum neben
einem Menschen,
der nach dem Gesetz
handelt und meint,
daher alles richtig
zu machen.

Nur wenn ich unsicher bin, halte ich inne und bitte um Führung. Wie verloren bin ich, wenn ich mir sicher bin, auf dem richtigen Weg zu sein?

Offen zu antworten,
statt auf Verantwortung zu pochen,
Freiheit und Beziehung
statt Religion und Leistung ...
zwei gegensätzliche Welten.

Wenn wir einander sehen,
erwarten wir, dass wir
Zeit zusammen verbringen.
Dies ist lebendig, dynamisch
und was daraus erwächst,
ist ein einzigartiges
Geschenk.

Gott hat niemals
etwas von dir
oder anderen
Menschen erwartet.
Deshalb könnt
ihr ihn niemals
enttäuschen.

Die ganze religiöse Welt
ächzt unter der Last
göttlicher Erwartungen.
Was wird geschehen,
wenn wir herausfinden,
dass es diese gar nicht gibt?

Der Gedanke, dass Gott
nicht von mir enttäuscht ist,
erscheint mir unfassbar.
Doch tatsächlich: Du hast
mich gefangen in deiner Liebe.

Gott will nicht bloß
ein Stück von dir,
einen Teil deines Lebens.
Er will dich ganz und gar
und deine gesamte Zeit.

Alles, was wir lieben, hat seinen Ursprung
in dir, Jesus. Lehre mich, dich zum
Mittelpunkt meines Lebens zu machen.

Ich bin dankbar für
Feste und Rituale,
aber wenn ich keine
Beziehung zu dem habe,
auf den sie verweisen,
werden sie zu einem
tödlichen Gift.

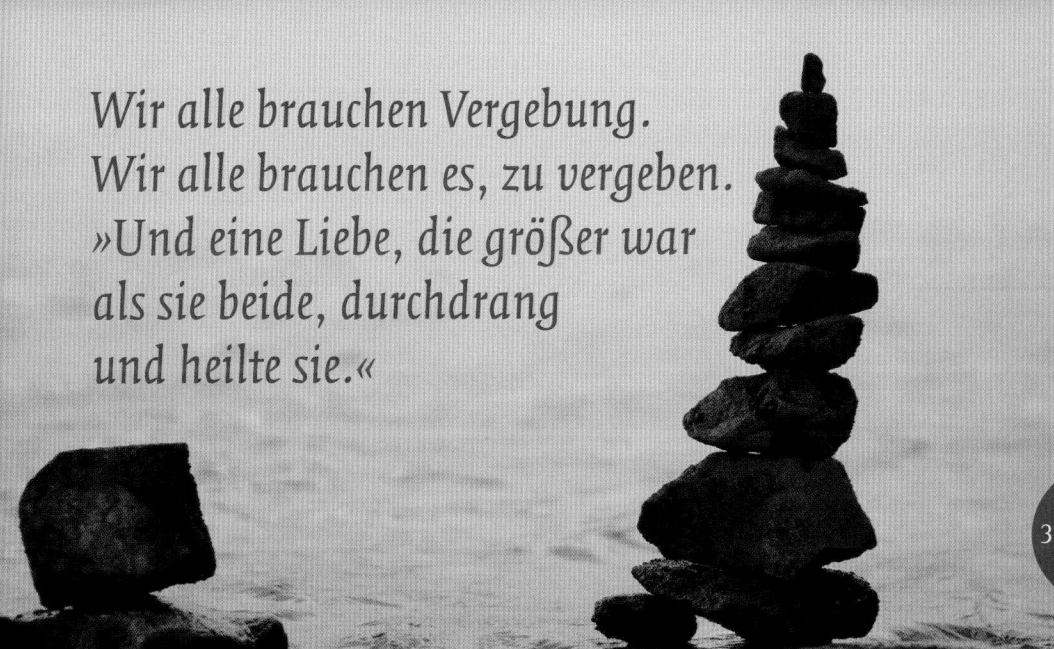

Wir alle brauchen Vergebung.
Wir alle brauchen es, zu vergeben.
»Und eine Liebe, die größer war
als sie beide, durchdrang
und heilte sie.«

348

Vertrauen!
Es ist nicht leicht,
es zu entwickeln, aber
wenn ich es in mir spüre,
wenigstens ansatzweise,
muss ich lächeln.

350

Menschen,
die ihren Kindern
Schmerzen zufügen,
sind selbst verwundet.
Das ist keine
Entschuldigung, öffnet
aber die Tür zum Mitgefühl.

Ich will, dass du
mich verstehst.
Danke, dass du weißt,
wann Worte mein Herz
nicht heilen können,
sondern nur deine
Gegenwart.

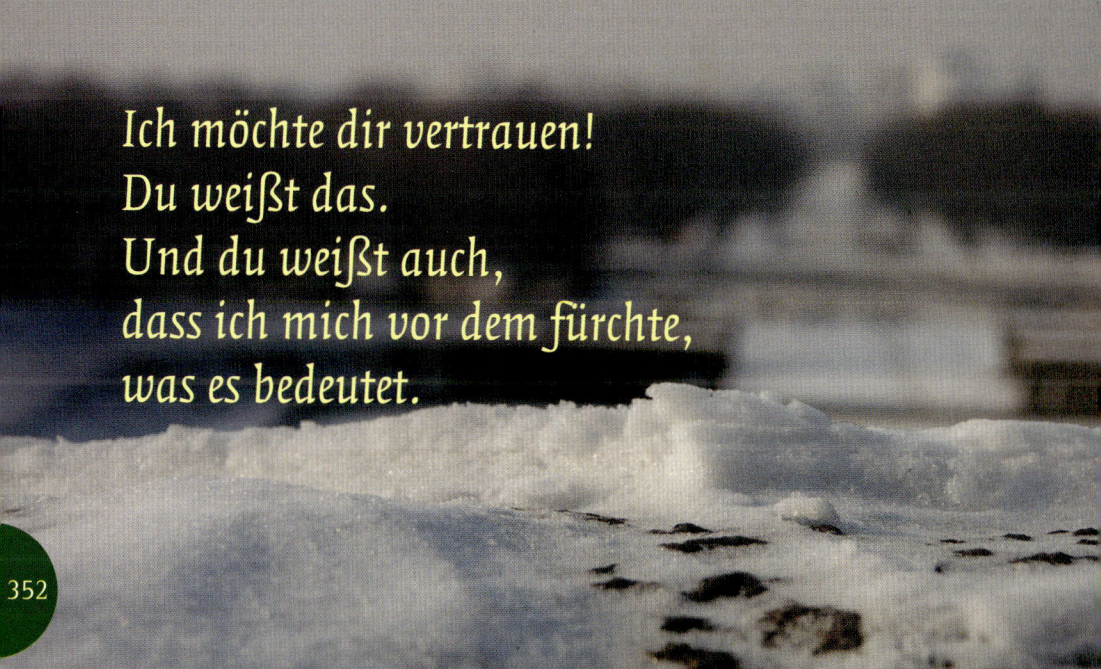

Ich möchte dir vertrauen!
Du weißt das.
Und du weißt auch,
dass ich mich vor dem fürchte,
was es bedeutet.

Ich schäme mich,
nicht besser gewesen zu sein.
Heile mich, sodass ich mich
in meinem unvollkommenen
Herzen zu Hause fühle.

Mir selbst zu vergeben,
fällt mir am schwersten.
Mitgefühl ist die Frucht
der Selbsterkenntnis
und die Einladung,
sich selbst zu akzeptieren.

354

Ich weiß, dass du uns für
alle Zeiten vergeben hast.
Danke, dass du unaufhörlich
danach strebst, mit uns in
Beziehung zu treten.

Jetzt verstehe ich,
warum Geständnisse
und Buße für echte
Beziehungen wichtig
sind. Hilf mir,
mutig zu sein.

Doch weiß ich, dass du sie
ihre Schuld gestehen lassen
und büßen lassen wirst.
Das ist ein hartes, aber
wundervolles Geschenk,
das unsere Herzen heilt.

Eines Tages werden wir aufsammeln,
was von der zerbrochenen Liebe übrig ist,
und in uns werden wir entdecken
die Sanftheit von Löwe und Taube.

Jesus selbst war das Zentrum –
der Mensch, der Gott ist,
und der Gott, der Mensch ist.

Oh Alles Vergebender,
höre mein Gebet.
Wir führen Krieg
gegen uns selbst
und gegeneinander.
Wir brauchen ein
Wunder.

Jetzt, wo du mein Herz geheilt hast, füllen sich meine Augen öfter mit Tränen. Ich erinnere mich noch an die Zeit, als ich nicht weinen konnte.

362

Gestern fütterte
ich den Hund,
hatte ein paar
alltägliche
Gespräche und
schlief um 21.30
im Sessel ein.
Jeder Tag ist heilig.
Alles ist wichtig.

Darf ich deine Gegenwart
in meinem Leben als festen
Wohnsitz betrachten?
Du hast dich nicht dafür
entschieden, Herr, ohne uns
zu sein. Danke!

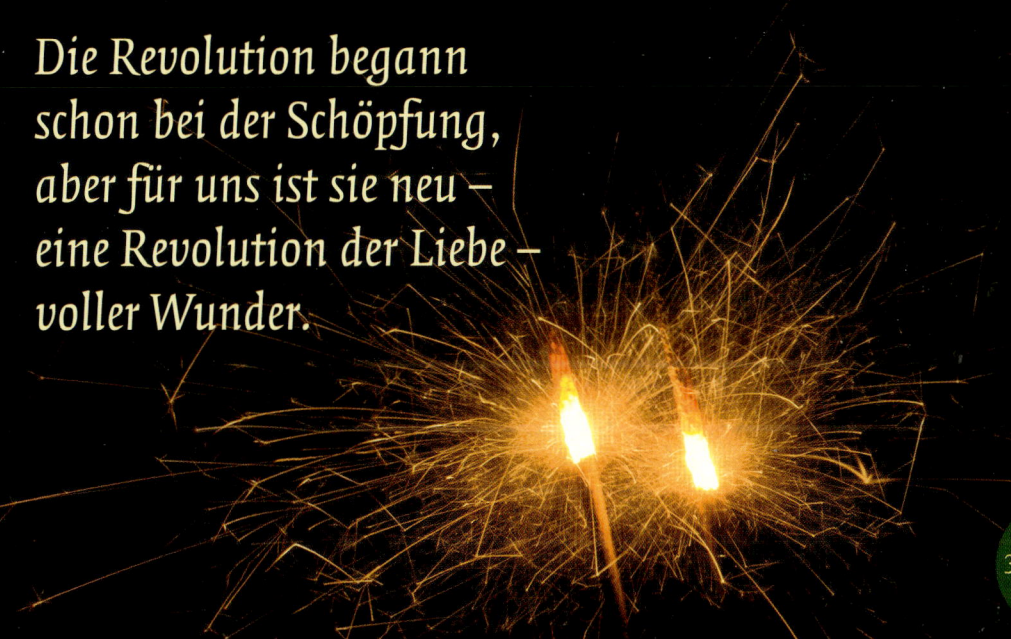

Die Revolution begann
schon bei der Schöpfung,
aber für uns ist sie neu –
eine Revolution der Liebe –
voller Wunder.

364

Schenke uns Augen,
dich in deiner Güte zu sehen,
während wir dem alten Jahr
Lebewohl sagen und die Herzen
für das neue Jahr öffnen.

Bibliografie

Von William Paul Young
sind in unserem Haus erschienen:

William Paul Young
Die Hütte
Ein Wochenende mit Gott

Ullstein Taschenbuch
ISBN: 978-3-548-28403-3

William Paul Young
Die Hütte
Ein Wochenende mit Gott
Gelesen von
Johannes Steck

Hörbuch Hamburg
ISBN: 978-3-89903-834-7

im Verlag Windblown Media, USA

Der Text wurde für die deutsche Aufstellerausgabe gekürzt von Vera Baschlakow.

Allegria ist ein Verlag der Ullstein Buchverlage GmbH

ISBN 978-3-7934-2281-5

3. Auflage 2014

MIX
Papier aus verantwor-
tungsvollen Quellen
FSC® C012700

Übersetzung: Thomas Görden
Umschlaggestaltung: FranklDesign, München
Titelabbildung, Coverdesign und Innenabbildungen wurden übernommen von der Originalausgabe,
gestaltet von Marisia Ghigliere, David Aldrich und Bobby Downes
Fotografien (Innenteil): © fotolia: 8, 60
Fotografien (Innenteil): © Rena Keller: 2, 34
Fotografien (Innenteil): © Michaela Philipzen, www.photoecken.com: 18, 30, 36, 44, 48, 50, 58,
66, 76, 78, 82, 92, 94, 96, 98, 106, 108, 120, 128, 130, 132, 144, 146, 148, 156, 160, 166, 176, 178, 180, 182,
184, 188, 194, 200, 202, 204, 208, 210, 212, 214, 216, 218, 222, 226, 228, 230, 234, 236, 238, 242, 246, 256, 270,
272, 278, 280, 282, 292, 302, 306, 308, 314, 316, 320, 326, 330, 332, 336, 340, 342, 348, 350, 354, 358, 364
Fotografien (Innenteil): © Anja Trentepohl: 6, 12, 14, 16, 20, 22, 24, 26, 28, 32, 38, 40, 42, 46, 52, 54, 56, 62, 64, 68,
70, 72, 74, 80, 84, 86, 88, 90, 100, 102, 104, 110, 112, 114, 116, 118, 122, 124, 126, 134, 136, 138, 140, 142, 150, 152, 154, 158, 162,
164, 168, 170, 172, 174, 186, 190, 192, 196, 198, 206, 220, 224, 232, 240, 244, 248, 250, 252, 254, 258, 260, 262, 264, 266, 268,
274, 276, 284, 286, 288, 290, 294, 296, 298, 300, 304, 310, 312, 318, 322, 324, 328, 334, 338, 344, 346, 352, 356, 360, 362
Gesetzt aus der Quadraat / Satz: Keller & Keller GbR
Printed by Tien Wah Press